La figura del padre nel grande cinema di Ingmar Bergman

(di Salvatore M. Ruggiero)

a tutti i padri del mondo.

"*Quando uscimmo dal bosco di betulle e ci inoltrammo tra i vasti campi della pianura, vedemmo lampi sul colle. Grosse gocce caddero sulla strada polverosa creando rivoli e disegni. Io dissi: così dovremmo andarcene in giro per il mondo voi ed io, papà.*"

(Ingmar Bergman, *Lanterna magica)*

INTRODUZIONE

Ingmar Bergman, per sua stessa ammissione, ha usato il suo cinema, la sua arte, i suoi film anche come normalissimo, prosaico strumento per raggiungere una fama globale imperitura e per assicurarsi, prima l'agiatezza economica, poi una vera ricchezza, che spesso gli sono mancate: si pensi, ad esempio, al suo disastroso inizio di carriera. Ed ha usato - anche di questo particolare veniamo a conoscenza per sua stessa ammissione - i film come vere e proprie sedute di auto-psicanalisi. Ha lavorato nel cinema trasmettendo agli attori - attraverso le sue sceneggiature e le sue riprese - le sue proprie angosce, le sue proprie paure, le sue proprie psicosi. Perché essi, interpretando i suoi personaggi, le trasmettessero allo spettatore. A noi.

Non ha mai fatto mistero di avere accumulato nel corso della sua infanzia problematiche psicologiche, derivanti dagli strani e complessi rapporti intrattenuti, suo malgrado, con la madre ma anche e soprattutto, col padre. A proposito di tale sofferto rapporto famigliare, egli stesso ammise: *"Immagino che i più forti impulsi a girare* Il posto delle fragole *siano derivati proprio dal dissidio coi miei genitori. Io mi ritraevo nella figura di mio padre, cercando spiegazioni alle amare controversie con mia madre. Credevo di capire di essere stato un bambino non desiderato, cresciuto in un grembo freddo e generato in una crisi... fisica e psichica. Il diario di mia madre ha in seguito confermato questa mia impressione: mia madre era profondamente ambivalente nei suoi sentimenti verso il suo disgraziato, morente bambino[1]."*

Ingmar Bergman non ha mai evitato di parlare dei suoi personali problemi, magari preferendo trincerarsi dietro a più opportuni silenzi, oppure dietro al comodo paravento di strategiche omissioni o anche dietro a una artificiosa mancanza di chiarezza.

Ha lui stesso messo i suoi estimatori a parte dei piccoli o grandi segreti personali spesso sconvenienti e poco affascinanti, se non addirittura imbarazzanti.

Insomma, pur attribuendosi una buona dose

---

1 Ingmar Bergman, *Lanterna magica*, 1990, Garzanti, Milano.

di genialità artistica ed ammettendo l'indiscussa ed indiscutibile grandezza di alcune delle sue opere, non ha mai rifiutato il suo ruolo di uomo storico, pieno di difetti; di essere umano con luci e ombre; di persona in fondo normale, potenzialmente geniale, ma anche debole e fallibile.

Lui stesso ne ha parlato apertamente e scritto altrettanto chiaramente nelle sue varie autobiografie.

A modestissimo avviso dell'autore di questo saggio, anche in questo suo anticonvenzionale, originale ed estroso atteggiamento va ricercata una parte cospicua della sua grandezza.

E' noto, anche ai cultori più superficiali del cinema del grande maestro svedese, che il padre Erik, severo pastore protestante, impartì ai figli una rigida formazione, basata su una cieca obbedienza ai genitori, una perfetta conoscenza dei testi biblici e dei principi della religione protestante, un senso di responsabilità luterano e - direi - kierkegaardiano, una solida cultura religiosa generale e una educazione spartana. In questo breve scritto si tenterà di esaminare la valenza che Ingmar Bergman attribuisce al ruolo del padre ed anche di come abbiano profondamente influito sulla sua filmografia i conflittuali rapporti con esso, attraverso la rapida analisi di cinque degli oltre cinquanta film che costituiscono la eccezionale produzione del maestro svedese.

Il padre rivale in amore nel film

La terra del desiderio

(*Skepp till India land*, 1947)

Il film - uno dei primi - racconta, in buona sostanza, la storia d'amore tra il marinaio Johannes (un giovanissimo Birger Malmsten, prototipo dell'attore bergmaniano dei primi lavori, che rivedremo il molti film successivi[2], quasi una figura assiomatica dei primi film di Bergman) e Sally (una sbiadita Gertrud Fridh, che invece, per fortuna, non rivedremo più molto spesso).

Così la descrive Ingmar Bergman: *"Questa volta, contro il parere di Marmstedt, ero riuscito a ottenere che Gertrud Fridt avesse la parte principale femminile. Era un'attrice molto dotata, una bella brutta. Quando Lorens vide il provino fu terrorizzato e*

---

2   Prese parte anche a: *Musica nel buio* (*Musik i morker*, 1947), *Prigione* (*Fangelse*, 1948), *Verso la gioa* (*Till gladje*, 1949), *Un'estate d'amore* (*Sommarlek*, 1950), *Donne in attesa* (*Kvinnors vantan*, 1952), *Il silenzio* (*Tystnaden*, 1962), *L'immagine allo specchio* (*Ansikte mot ansikte*, 1975, solo come comparsa).

insistette perché lei fosse ritruccata. Così finì per sembrare una prostituta di qualche melodramma francese.[3]"

Quando Johannes, all'inizio del film, le si dichiara, asserendo di non averla mai dimenticata nei sette anni in cui è stato lontano, lei lo respinge. Lui vaga da solo sulla spiaggia sassosa ricordando i bei momenti andati. Parte da qui un lungo *flash-back* che occupa tutta la parte centrale del film e nel quale Ingmar Bergman spiega l'antefatto. Johannes, giovane di belle speranze, amante del suo lavoro e abbastanza serio, ha un padre, capitano della nave, non altrettanto serio e morigerato. In una delle bettole che abitualmente frequenta l'uomo conosce un giorno Sally, una cantante-ballerina che si esibisce in quei locali malfamati, e commette l'errore di portarla a casa sua, imponendo la presenza della donna prima alla moglie e poi a tutta la famiglia. Tra Johannes e Sally, che sono coetanei, fiorisce presto l'amore. E questo fa, ovviamente, lievitare la rabbia del padre nei confronti del figlio. La moglie del capitano Blom, nonché madre di Johannes, cerca di convincere il

---

3 Ingmar Bergman, *Immagini*, 2009, Milano, Garzanti.

marito a ritornare da lei. Intanto durante una passeggiata i due giovani si rifugiano in un vecchio mulino e fanno l'amore. In seguito Sally, si sgraverà del peso che le opprime la coscienza e confesserà al capitano il suo amore per il figlio Johannes. Seguirà una accanita discussione tra i due nel corso della quale Sally si rivolge al capitano Blom dicendo: *"Non sei altro che un fallito."* Il padre, per questo precipuo motivo, tenterà di liberarsi della ingombrante presenza del figlio, suo rivale in amore, tentando di ucciderlo. Durante una nuova immersione subacquea di Johannes, nella quale sono impegnati con la nave del capitano, per il recupero di un relitto. Il padre addetto alla pompa dell'ossigeno gli interrompe volontariamente il flusso, ma Johannes scampa al tentativo del padre, dopo l'allarme lanciato dalla madre che si è accorta del sabotaggio proditorio del marito, e l'aiuto degli altri marinai. Il padre, fa inabissare il relitto che stavano recuperando, danneggiando tutto. Tornato a riva, raggiunge l'appartamentino dove segretamente si rifugiava con la sua donna e ne distrugge tutte le suppellettili. Quando arriva la polizia, che fa irruzione nella casa per arrestarlo, tenta di suicidarsi lanciandosi dalla finestra. Non morirà per la caduta, ma resterà paralizzato per il resto della sua vita. Il drammatico episodio convince il giovane che è meglio allontanarsi, partendo per terre lontane. Quando il lungo *flash-back* finisce Johannes torna da Sally, le propone di ritornare insieme e di ricominciare una vita. *"Bisogna cercare di evadere quando ci sentiamo chiusi, altrimenti il muro si alza e non c'è che da buttarsi dalla finestra!"* Sally sulle prime resiste alle sue insistenze, poi accetta la proposta del giovane. Infine insieme salgono sulla nave che salpa verso una vita nuova, tra un volo di gabbiani e un sottofondo di musica esotica, che rimanda didascalicamente a terre lontane. Forse raggiungeranno una di quelle isole palmate e piene di sole riprodotte sulle cartoline che Johannes tiene appese alle pareti della sua cabina e che orgoglioso ha mostrato a Sally un giorno che la giovane andò a fargli visita. Ancora una volta il finale spalanca le porte alla speranza e all'amore che trionfa sulle sciagure e sulle tragedie che l'uomo è così bravo a procurarsi da solo e a procurare ai suoi simili. Il tema che in questo film si avverte prepotente è quello pesantemente autobiografico dei pessimi rapporti di Ingmar Bergman col padre Erik. Tema che verrà eviscerato, in modo definitivo, nel capolavoro *Fanny e Alexander*, del 1982.

Il fantasma del burbero padre aleggia nel film *Il posto delle fragole* (*Smultronstället*, 1957)

"Mi ritrovai in aspro dissidio con i miei genitori. Non volevo né potevo parlarne con mio padre. Mia madre e io cercavamo di volta in volta una temporanea riconciliazione, ma c'erano troppi scheletri negli armadi, troppe incomprensioni perverse. Ci sforzavamo, perché avremmo voluto volentieri concludere la pace, ma fallivamo sempre. Immagino che i più forti impulsi a fare Il posto delle fragole *siano nati proprio da qui. Io mi ritraevo nella figura di mio padre, cercando spiegazioni alle amare controversie con mia madre. Credevo di capire di essere stato un bambino non desiderato, cresciuto in un grembo freddo e generato in una crisi... fisica e psichica. Il diario di mia madre ha in seguito confermato questa mia impressione: mia madre era profondamente ambivalente nei suoi sentimenti verso il suo disgraziato, morente bambino.[4]"*

---

4 Ingmar Bergman, *Immagini*, 2009, Milano, Garzanti.

Tutti i film di Ingmar Bergman hanno forti elementi autobiografici, ma di certo il disagio di Evald Borg in questo film rappresenta il disagio vero vissuto nella vita reale dal piccolo Ingmar Bergman quando scoprì della relazione segreta della madre per un uomo diverso dal padre. *"Una sera d'autunno... improvvisamente udii che al piano inferiore era in corso una lite. La mamma piangeva, la voce del papà era piena di collera. Erano suoni spaventosi che non avevo mai udito prima. Sgusciai fuori dalle scale e vidi mamma e papà discutere violentemente nell'anticamera... non ricordo con chiarezza quello che seguì. (...) Il pastore della parrocchia di Hedvig-Eleonora (il superiore di papà) intervenne. I miei genitori si riconciliarono e l'arciricca zia Anna li portò con sé in un lungo viaggio attraverso l'Italia.*[5]*"*

I genitori, dopo altre violentissime liti, alle quali spesso i loro tre figli assistettero, ripresero la loro vita in comune solo per smorzare le critiche sociali che sarebbero venute dalla feroce e imperante morale

5 Ingmar Bergman, *Lanterna magica*, 1990, Garzanti, Milano.

protestante della Svezia di inizio secolo.[6]

La madre, ovviamente, interruppe la sua relazione extraconiugale col giovane studente di teologia del quale si era perdutamente innamorata.[7] Come Ingmar Bergman si sarebbe aspettato la sua famiglia, anzi, meglio come avrebbe voluto che fosse il rapporto tra il padre e la madre lo suggerisce egli stesso nell'ultima scena del film, una vera visione onirica. L'ultima scena de *Il posto delle fragole* è poesia pura e rappresenta anche la sintesi di tutto il film. Isak Borg, da vecchio, cerca i genitori; torna nel posto delle fragole; incontra Sara che pronuncia la famosa frase: *"Isak, caro, le fragole sono finite.[8]"* Poi, arrivando nella piccola baia,

---

6 L'intera storia fu meravigliosamente raccontata da Liv Ullman nel film *Conversazioni private* (*Enskilda Samtal*, 1996) scritto da Ingmar Bergman, che racconta un decennio (1924-34) nell'infelice vita coniugale di Henryk Bergman e Anna Akerblom, genitori del regista.

7   Sull'accaduto Ingmar Bergman scrisse due sceneggiature per due film e altrettanti libri: *Con le migliori intenzioni* e *Conversazioni private*.

8   Qualche traduttore riporta la frase in modo più farraginoso: *"Isak, caro, non ce ne sono più, di fragole!"*

vede da lontano i suoi genitori seduti in riva al mare che lo salutano con la mano. *"Non so ora, né sapevo allora quanto io, attraverso* Il posto delle fragole, *facessi un appello ai miei genitori: guardatemi, capitemi, e se possibile, perdonatemi.[9]"*

9 Ingmar Bergman, *Immagini*, 2009, Milano, Garzanti.

Il padre vendicatore, tra sacro e profano, nel film

La fontana della vergine
(*Junkfrukullan*, 1957)

In questo film la tragedia sembra aleggiare nell'aria, quasi viene suggerita allo spettatore, fin dalle prime battute del film, dalla presentazione di Mareta. *"Mareta[10] è il mio nome. Vivo con il mio uomo Tore[11]. E la nostra figlia Karin[12] e un'altra ragazza, Ingeri[13], incinta chissà di chi, piena d'invidia e un po' selvatica. Una vita dura la nostra, nella foresta: piena di privazioni di stenti, di pericoli. Il freddo, gli animali, le maledizioni che pesano sulla campagna, gli strani esseri che la popolano di notte. E poi i briganti. Ci salva, ci da un po' di speranza, la nostra devozione. Stavolta tocca a Karin portare le candele: è un'incombenza che la tradizione riserva alle vergini. Non potrei mai sopportare che le accadesse qualcosa. Non lo*

---

10 Interpretata da Birgitta Valberg.
11 Interpretato da Max von Sidow.
12 Interpretata da Birgitta Petterson.
13 Interpretata da Gunnel Lindblom.

sopporterebbe Tore, che non mi perdonerebbe di averla esposta a rischi inutili. Eppure Tore a suo modo è un uomo di fede, ed è un uomo della tradizione. Se dovesse capitare qualcosa a nostra figlia, scannerebbe i responsabili come maiali, ma prima di farlo si dovrebbe lavare e purificare percuotendosi con rami e foglie di betulla. Un rito terrificante, perché è una sorta di risanamento che precede la morte.[14]"

E lo spettatore percepisce subito la tragedia, quasi come se il suo svolgimento fosse ineluttabile. Ma, dal breve *incipit* della sceneggiatura è possibile cogliere alcuni altri importanti aspetti dai quali il film è profondamente permeato. Uno, ad esempio, è il contrasto tra cristianesimo, che si va diffondendo anche all'estremo Nord dell'Europa, e paganesimo tradizionalista e ancora imperante, che caratterizza l'epoca storica nella quale i protagonisti agiscono. Contrasto incarnato nella figura centrale del film: il signore Tore (che... *"a suo modo è un uomo di fede"*), che prega il Cristo prima della cena; chiede al Cristo di proteggere la figlia Karin in procinto di partire per il rito

---

14 Dalla sceneggiatura de *La fontana della vergine*.

dei ceri verso la chiesa lontana: *"Cristo protegga la tua giovane vita."* le dice.

Tore, pur dichiarandosi credente - prega in compagnia della moglie, davanti al grande crocefisso, quasi in grandezza naturale, che i due coniugi hanno nella loro camera, chiedendo a Dio di tenere lontano il Male dalla sua casa - non sembra molto convinto.[15]
Contemporaneamente alla preghiera pare pensare: *"Prego Iddio senza fiducia. Bisogna arrangiarsi da soli per quanto è possibile.[16]"*
Ma, dimenticando il perdono evangelico, imbocca la via della vendetta personale e privata come unica forma di giustizia terrena mostrando di essere, come dice Mareta... *"un uomo della tradizione."*

Egli non sembra nemmeno convinto del significato della missione della figlia Karin, ritenendo che nel tragitto tra la sua casa e la chiesa essa correrà seri ed inutili rischi per la sua incolumità. Tutto sommato, dietro al paravento del cristianesimo sposato come religione nuova ma non ancora assimilato del

---

15 La moglie, nella stessa scena, lo rimprovera di non avere ...*"Mai un pensiero rivolto a Dio."*

16 La frase è tratta dalla sceneggiatura di uno dei tanti film di Ingmar Bergman.

tutto nei sui dettami e nei suoi principi e sotto l'influsso ancora pressante della tradizione pagana, Tore sembra gestirsi come si gestirebbe un uomo forte ma ateo; risoluto ma senza remore morali cristiane, desideroso di affermare la sua primazia sul suo piccolo regno materiale; che ha il dovere di difendere le persone del suo *entourage* famigliare dalle minacce e dagli assalti provenienti dall'esterno: *"Non appartengo a nessuna religione, non ho mai avuto bisogno di nessun Dio, o salvazione, o vita eterna: io sono il mio Dio, provvedo io stesso a contornarmi di angeli e demoni, vivo su una spiaggia pietrosa sommersa nelle onde di un mare che mi protegge.[17]"*

La compagna Mareta, a sua volta, mostra di essere anch'essa cristiana, ma nel contempo superstiziosa quando accenna alle maledizioni che gravano sulla campagna. E accetta l'apparente ineluttabilità della vita in un posto freddo, isolato e inospitale come fosse una specie di missione. Poi, accenna al rito pagano al quale il marito si sottoporrà se dovesse ricorrere alla vendetta contro chi

---

17 Ingmar Bergman, *Lanterna magica*, 1990, Garzanti, Milano.

attentasse alla salute e alla verginità della figlia. ("*Se dovesse capitare qualcosa a nostra figlia, scannerebbe i responsabili come maiali, ma prima di farlo si dovrebbe lavare e purificare percuotendosi con rami e foglie di betulla.*")

Vendetta che essendo l'automatica conclusione della vicenda, a quel punto, sembrerebbe anch'essa ineluttabile.

L'altra ragazza, Ingeri, invece, è decisamente pagana. Nelle fasi iniziali del film, rivolge una preghiera al Dio Odino. Allora, come può essere convinta della missione cristiana della sorellastra Karin?

Qualche critico ha visto, anche, nella questione del credo religioso, in questa distinzione quasi manichea tra cristiani e pagani, una vera e propria distinzione di classi sociali operata all'interno del film da Ingmar Bergman.

Come se, in quell'epoca buia, il vecchio e polveroso paganesimo fosse appannaggio dei poveri e dei semplici, rimanendo ancorato nella loro psiche ingenua; mentre quelli appartenenti alle classi più abbienti si fossero convertiti senza riserve alla nuova ventata religiosa rappresentata dal cristianesimo[18].

Questa visione personale, e direi anche arbitraria, è smentita dal film, per tutta la serie di considerazioni appena espresse, ed è smentita anche dallo stesso Ingmar Bergman che parlava raramente di politica e solo quando veniva sollecitato ammetteva appena, quasi con pudore e a mezza bocca, di essere fondamentalmente un socialdemocratico.

Ed è smentita anche dal film: nella scena dove si vede e si sente benissimo che un'anziana fantesca, rivolgendosi a Karin che sta partendo per la chiesa, le porge un involucro contenente una focaccia in regalo per il sacerdote e le chiede di salutarlo e di recitare per lei delle preghiere cristiane: *"...cinque Paternoster e quindici Ave."*

---

18 *"Per me Gesù Cristo rimane sempre l'incontestabile difensore della vita, di tutte le cose viventi, della vita spirituale. Egli appare in un mondo di legge, legalità, vuoto, paura, odio e disperazione mortale. Comprendo la santità di Gesù, col sentimento, non con la mia ragione. Per me Gesù è un essere umano che parla ad altri esseri umani e che vive e muore nel mondo dell'uomo. Solo in questo modo lo sento vicino e solo in questo modo posso capire cosa dice."* (Ingmar Bergman, *Lanterna magica*, 1990, Garzanti, Milano)

Il Signore Tore ha due figlie: Karin è bionda, bella e buona, vergine, zelante coi genitori coi servi e con gli estranei e, forse, proprio questa sua qualità le costerà la vita; Ingeri, in stato di gravidanza dopo una violenza sessuale, è buia, ombrosa e invidiosa di Karin, che detesta.

Karin ama il padre, che la adora ed ha con lui un ottimo rapporto filiale; non lo stesso trasporto pare legarla alla madre: quando si tratta di salutarli, prima della partenza, al padre concede un lungo appassionato abbraccio, alla madre punta un dito sulla fronte a simboleggiare un bacio che le concede solo per accontentare una sua precisa richiesta.

Quando apprende che Karin viene inviata a portare ceri alla Madonna che risiede nella sua chiesa di appartenenza[19], come solo una vergine può fare, Ingeri, che ancora non sa che accompagnerà la sorellastra, preparando le vivande per il viaggio, fa scivolare un rospo nel pane che servirà per la sua colazione. E' quasi un rituale pagano di magia nera, per attirare il male sulla sorellastra.

---

19 Siamo nel giorno del Venerdì Santo, *"giorno* – dice la madre Mareta – *della Passione del Calvario."*

Questo episodio quasi insignificante spiega anche il nervosismo che Ingeri mostra durante tutto il viaggio: si unisce a Karin solo quando la sorellastra le annuncia di avere il permesso dal padre e presagisce che qualcosa può succedere. E quel presentimento spiegherebbe anche perché, ad un certo punto del tragitto, si separa dalla sorella e si rifugia in casa di un vecchio dedito alle arti magiche. Che sia intenzionata a chiedere aiuto al vecchio per annullare la sua magia propiziatoria di sventure contro la sorellastra? Lungo il tragitto Karin, che pur restando sola ha proseguito il suo viaggio, dopo aver litigato con la sorella e se ne è allontanata, è fermata da alcuni pastori (in realtà sono malfattori[20]) e si attarda a parlare con loro. Innocente e altruista, offre di condividere con loro il suo pasto. Proprio mentre prendono il pane per cibarsene, il rospo depositato da Ingeri salta fuori dalla pagnotta. Questo fatto buffo e divertente, ma increscioso irrita ed insieme eccita gli uomini. Essi aggrediscono

---

20 Una nota dopo la registrazione del brano, nel 1812, afferma che la cantante, Greta Naterberg, aveva detto che *vallare* (parola popolare con la quale di solito s'intende *pastori*) qui significa *ladri* o *banditi.*

senza motivo la ragazza: prima la stuprano a turno, poi la uccidono selvaggiamente con un colpo di bastone sulla testa. Quindi la spogliano della sua preziosa veste e lasciano il suo corpo esanime e nudo a terra. Più tardi saranno, inconsapevolmente, ospitati a cena dal signore Tore ed alla sua famiglia, mentre si aspetta il ritorno di Karin e di Ingeri. Strano atteggiamento - pare stranito e atterrito, roso dai sensi di una colpa non sua, ma solo a carico dei fratelli - quello del bambino che accompagna gli assassini: rifiuta il cibo, rovescia la ciotola sul tavolo e si rifugia tra le braccia dell'uomo muto. Quando, inconsapevolmente, essi offriranno di vendere la veste di Karin, sporca di sangue, proprio a sua madre, la donna li rinchiude nella stanza per evitare che scappino e avverte il marito. Il sospetto che qualcosa di grave e di inevitabile sia successo a Karin e che i pastori di capre ne sappiano qualcosa di più, anzi che possano essere loro gli assassini della figlia, si raggiunge col trafelato racconto della disperata di Ingeri, che è tornata, sbigottita e lacerata dai sensi di colpa. Dopo aver abbandonato la sorellastra, infatti, ha assistito da lontano a tutta la scena dello stupro, dell'uccisione e del denudamento. Aveva armato la sua mano con una grossa pietra, ma non ha avuto il coraggio di intervenire. Il cristiano Tore, si accinge a mettere in atto la vendetta pagana di cui parlava Mareta. La tragica morte della figlia Karin fa mettere da parte gli insegnamenti del vangelo cristiano ancora non del tutto assimilati; nel contempo fa riscoprire violentemente a Tore l'ancestrale richiamo della vendetta pagana. Abbatte una betulla con la sola forza delle sue mani nude, quindi si sottopone al rituale dell'auto-fustigazione e della abluzione purificante. Poi entra in casa per uccidere i due pastori e, con essi, anche l'incolpevole bambino che li accompagna. Sembra, quasi, di assistere alla vendetta di Ulisse contro i Proci, con la quale si chiude l'Odissea di Omero. Più tardi si reca alla ricerca del cadavere della figlia e, giunto sul punto esatto in cui la sua Karin giace morta, appena la stacca dal terreno, come per miracolo, in risposta divina al suo gesto, sullo stesso posto dove la sua testa esanime era poggiata, una polla d'acqua sgorga improvvisamente. Tore fa un voto: giura che costruirà con le sue mani, proprio nel posto dove il cadavere di Karin è stato ritrovato, lasciando a testimonianza una polla d'acqua sorgiva, una chiesa di pietra e calce. Tutti si detergono con l'acqua in segno di purificazione. Anche Ingeri, che essendo incinta ed essendo stata violentata non è più vergine, e non è nemmeno cristiana, ma è pagana. Cade la contrapposizione con la sorellastra Karin: vergine e cristiana. Ma Karin non muore perché cristiana, bensì perché il suo sacrificio deriva dalla violenza insensata dell'uomo. Al di là delle disquisizioni accademiche e dei dogmi religiosi, al di là della presenza degli dei pagani e del Dio cristiano, Ingmar Bergman suggerisce che c'è tutta una dimensione umana da conquistare alla coscienza e con la coscienza. Oltre al Dio[21] della fede[22], ci deve

---

21 *"Veramente io non credo in Dio, ma la faccenda non è così semplice, tutti portiamo un Dio dentro noi stessi, tutto forma una trama che ci pare a volte di riconoscere, soprattutto al momento della morte."* (Ingmar Bergman, *Lanterna magica*, 1990, Garzanti, Milano)

22 *"Io non sono un credente, qualsiasi forma di salvezza ultraterrena mi suona blasfema."* (Ingmar Bergman, *Lanterna magica*, 1990, Garzanti, Milano)

essere la ricerca perenne, incessante, umana di un Dio dentro ognuno di noi. Dentro ogni uomo. E, forse, la risposta suggerita da Ingmar Bergman è nell'Amore.[23]

Ambientato, come detto, in un livido medioevo, che lo accomuna a *Il settimo sigillo* - certamente il riferimento più immediato nella filmografia di Bergman - ma dal quale subito si distanzia, perché in esso la violenza appare come un fatto privato, mentre nell'altro era una caratteristica generale e generalizzata. In quello la Morte era solo una maschera simbolica; in questo è reale: è la morte delle persone fisiche, prima di Karin e poi degli assassini e dell'incolpevole bambino. E se ne differenzia anche perché qui non ci si occupa, né si preoccupa, delle grandi problematiche (o piaghe) dell'umanità ma dei piccoli-grandi drammi (fatti) privati. In quello poi, Antonius Block (sempre interpretato da Max von Sidow) cerca Dio; nel successivo si invoca Odino, il dio pagano, e si prega il Dio dei cristiani in un'altra parte

---

23 *"Dio è l'Amore, e l'Amore è Dio. L'Amore è una prova dell'esistenza di Dio. L'Amore è la sola realtà di questo nostro pietoso mondo terreno".* (Ingmar Bergman, *Lanterna magica*, 1990, Garzanti, Milano)

della casa. *"Nel film di Bergman ritroviamo inoltre il contrasto fra il culto più debole e benefico della vergine Madre (l'acqua è fonte di vita) e quello forte del padre geloso, vendicativo e all'occorrenza uccisore, che caratterizza l'Antico testamento.*[24]*"*

In questo ci si sottopone ad un rituale catartico pagano che prelude alla vendetta e contemporaneamente si manda una vergine a portare i ceri alla lontana chiesa cristiana di appartenenza. Insomma ne *La fontana della vergine* ci si trova nel bel mezzo di una continua tensione tra tradizione dell'antico e ventata della nuova religione; tra misticismo e pragmatismo; tra cristianesimo e paganesimo; tra mistica e agnosticismo.

In questo film *"Bergman scopre che la sofferenza, il sacrificio degli innocenti, la morte che lo scandalizzano, diventano, da un punto di vista superiore, la legge universale del mondo, l'ineluttabile compagno, o addirittura il motore necessario al suo cammino.*[25]*"*

---

24 Stefano Socci, *L'ombra scura della religione*, 2002 Firenze, Cadmo.

25 Henri Agel e Amedèe Ayfre, *Le cinema et le sacrè,* Paris, Editions du Cerf, 1961.

Nel film, poi, al contrario de *Il settimo sigillo*, basato su una serrata sceneggiatura di ferro, Ingmar Bergman da molto più peso alle immagini che non alle parole, ai dialoghi, e fluisce lentamente *"...in un clima teso, ansioso, quasi livido.*[26]*"*.

Come si diceva in precedenza *La fontana della vergine*, tra tutti i film di Bergman, è forse l'unico in cui, direttamente, si manifesta la presenza di Dio. Ed è anche quello in cui più accurata è la depurazione dai molteplici simbolismi cari al regista. Ed è anche quello in cui più che in altri appare evidente la commistione tra paganesimo e cristianesimo; tra sacro e profano; tra religione e laicità; tra aspetto del profondo rispetto divino ed atteggiamento, invece, profondamente laico. In Tore si incontrano insieme tutte queste caratteristiche. Sulle larghe spalle di Tore, il Maestro getta il suo pesante fardello: quando si prepara alla vendetta, tipico metodo medievale per ottenere giustizia privatamente; quando si sottopone al rituale pagano di abluzione che lo prepari al sacrificio dei malfattori; quando promette a

---

26 G. L. Rondi, *La fontana della vergine*, in *Cinema ridotto* n.1, 1967.

Dio, rivolgendosi direttamente a lui, di edificare una chiesa sul posto esatto del sacrificio della figlia Karin. Ma il film è percorso, anzi permeato, da una costante, continua, tensione religiosa, che si avverte, palesemente, in alcuni momenti, in alcune scene. Una fra tutte, ad esempio, quando un frate-contadino si rivolge al più piccolo dei tre fratelli pastori: "*Vedi come il fumo trema e si abbarbica sotto il tetto: come avesse paura dell'ignoto. Eppure, se si librasse nell'aria, troverebbe uno spazio infinito dove volteggiare. Ma forse non lo sa: e così se ne sta qui, nascosto, tremolante e inquieto. Con gli uomini capita lo stesso: essi vagano inquieti come tante foglie al vento, per quel che sanno e per quello che non sanno*".

Il padre distratto e insensibile nel film

Come in uno specchio

(*Sasom I en spegel*, 1960)

I perni del film, anzi, le pietre angolari, sono sostanzialmente e formalmente due. Da una parte c'è Karin, unico personaggio femminile (sappiamo come nei confronti dei suoi personaggi femminili Bergman appaia sempre quanto meno comprensivo, se non addirittura indulgente), ma anche personaggio monolitico, enigmatico, difficile da comprendere appieno, profondo e fragile, armato solo del suo corpo e della sua lucida psicosi[27]; alla spasmodica ricerca della guarigione e di Dio (che crede di vedere addirittura in un grosso ragno nero che cerca di possederla); alla ricerca di un vero rapporto col padre scrittore, freddo e austero, che la fa caso letterario, sfruttando la sua malattia e facendola oggetto dei suoi lavori; alla ricerca di un rapporto solido e, finalmente, credibile col marito medico, pure dolce ed affettuoso; alla ricerca di un vero

---

27 Guai dire pazzia: gli psichiatri non amano questa parola.

rapporto tra sorella e fratello con Minus, che non sia solo famigliare e familiare, o solo sentimentale, ma sia addirittura fisico, quindi ai limiti dell'incestuoso. *"Harriet Andersson interpreta Karin con perfetta musicalità, entrando ed uscendo liberamente e continuamente dalle sue prescritte realtà. La sua interpretazione ha toni puri ed è piena di genialità. Fu lei a rendere il prodotto sopportabile...[28]"*

Dall'altra parte i tre personaggi maschili: come al solito poco trasparenti, poco chiari (o lo sono fin troppo?), in possesso di più ombre che luci, poco leali, in una parola poco positivi e, comunque pieni di difetti. Ovviamente, ognuno è visto attraverso i suoi problematici rapporti con Karin. Rispettivamente: moglie, figlia, sorella. A testimonianza ulteriore di una presunta misantropia di Bergman, molte volte invocata da alcuni critici miopi.

Due uomini adulti, un giovane e una donna escono dall'acqua dopo aver fatto una nuotata.

---

28 Ingmar Bergman, *Immagini*, 2009, Milano, Garzanti.

I protagonisti di questo perfetto esempio di *Kammerspielfilm*[29] sono:

– David (un ottimo Gunnar Bjornstrand), padre vedovo di Karin e Minus e suocero di Martin, romanziere egocentrico, sempre in viaggio, appena tornato dalla Svizzera e in procinto di ripartire per tornarci;

– Karin (una stratosferica, Harriet Andersson) sua figlia affetta da psicosi schizofrenica, ereditata dalla madre che ne è morta, con turbe di carattere religioso e sessuale, sposata con Martin;

– Martin (un eccellente Max von Sidow) il marito medico di Karin, quindi genero di David e cognato di Minus, che vive il calvario della malattia della moglie con abnegazione;

---

29 In pratica si ricollega questo singolare esempio, insieme gli altri due successivi, del cinema di Bergman al movimento della cd. *Kammerspielfilm,* sorto nel 1921 come reazione al primo espressionismo per iniziativa del scenarista Karl Mayer e del regista Lupu-Pick.

–   il fratello minore studente Fredrik, detto Minus (uno zoppicante Lars Passgard) troppo legato alla sorella, quasi al limite del rapporto incestuoso e col solito retaggio bergmaniano dell'eterno conflitto col padre troppo distante.

Per dare conto della problematicità dei rapporti del padre David con i due figli, Karin e Minus, ricorro spudoratamente a due citazioni dirette estratte dalla robusta sceneggiatura del film.

Mentre Martin e David predispongono le reti, Karin e Minus vanno a prendere il latte. Durante la cena i due fratelli rappresentano un dramma che Minus stesso ha scritto. S'intitola: *L'arte dell'apparizione dei fantasmi o la tomba delle illusioni.* Nella trama, ovviamente, autobiografica c'è qualcosa che Minus vuole dire al padre: si parla di un poeta che prova amore solo quando ne scrive. Il padre pare non essere molto contento di questi riferimenti del figlio. Se ne accorge Karin che ne parla a Martin, suo marito.

KARIN: *Hai notato che papà ha preso la*

commedia di Minus come un oltraggio personale? Era molto offeso, anche se ha cercato di non farlo capire.

MARTIN: *Credi?*

KARIN: (assente) *E Minus ci è rimasto male, naturalmente.*

Karin in camera del padre, dove ha dormito, legge dal suo diario che la sua malattia è inguaribile. Poi racconta a Martin del diario e Martin accusa il suocero di essere freddo, cinico.

David e Martin hanno lasciato la barca in un'insenatura riparata e tirato fuori la colazione al sacco. Martin che ha già finito di mangiare è seduto e sta gettando sassolini in acqua. David beve il caffè nel coperchio del thermos. Ambedue tacciono.

DAVID: *Che cosa è successo?*
MARTIN: *Perché?*
DAVID: *Sei taciturno e quasi ostile.*
MARTIN: *Non so se valga la pena di parlarti della cosa.*
DAVID: *Te ne prego.*
MARTIN: *Si tratta di Karin.*
DAVID: *Karin? Sì?*

MARTIN: *Ha frugato nei tuoi cassetti trovando il tuo diario. Naturalmente lo ha letto...*

DAVID: *No!* (Pausa). *Dio mio!*

Solleva la mano al volto in un improvviso gesto di paura.

MARTIN: *Che cosa hai scritto?*

DAVID: *Dio mio!*

MARTIN: *Karin voleva che lo chiedessi a te.*

DAVID: *Ho scritto che la sua malattia è incurabile. Scrissi anche di provare un desiderio tremendo di studiarne il decorso.*

Martin fissa David col volto stravolto dal disgusto. David si è accasciato e con la mano si gratta il ginocchio.

DAVID: *Non posso discolparmi e neppure difendermi.*

MARTIN: *Si tratta come sempre solo di te e delle tue cose.*

David scuote la testa.

MARTIN: *Sei totalmente perverso nella tua freddezza di sentimenti. Studiarne il decorso. È significativo.*

DAVID: (prende fiato) *Tu non capisci.*

MARTIN: *No, proprio no. Ma una cosa la capisco: tu sei a caccia di soggetti. La pazzia di tua figlia. Accidenti, che idea!*

DAVID: (sottovoce) *Le voglio bene, Martin!*

MARTIN: *Tu, amare! Nel tuo vuoto non c'è posto per i sentimenti, ti manca il più comune senso della decenza. Sai come esprimere ogni cosa. Trovi le parole giuste per ogni occasione. C'è solo un fenomeno di cui non sai nulla: la vita stessa.*

David guarda Martin.

MARTIN: *Sei vile e fiacco, ma in una cosa sei quasi grande. Scuse e giustificazioni.*

DAVID: *Cosa vuoi che faccia?*

MARTIN: *Scrivi il tuo libro! Forse ti darà ciò a cui aneli di più: il successo come poeta. Così non avrai sacrificato tua figlia invano. Io posso... io dovrei...*

S'interrompe mordendosi le labbra. David lo osserva. Il volto di David si è come avvizzito, la mano continua a stropicciare il ginocchio con irrequietezza.

DAVID: *No, dimmi quello a cui stavi pensando.*

MARTIN: *C'è un dio che tu corteggi nei tuoi romanzi, ma ti devo dire che la tua fede e il tuo dubbio son ben poco convincenti. La cosa che più colpisce è il tuo orrendo genio inventivo.*

DAVID: *Credi che non lo sappia?*

MARTIN: *Perché continui allora? Perché non cerchi di scrivere qualcosa di decente?*

DAVID: *Che cosa dovrei fare?*

MARTIN: *Hai mai scritto una sola parola sincera nei tuoi romanzi? Rispondimi, se puoi.*

DAVID: *Non lo so.*

MARTIN: *Vedi? Ma la cosa più atroce è che le tue mezze bugie sono così raffinate da sembrare verità.*

DAVID: *Faccio del mio meglio.*

MARTIN: *Può darsi. Ma non riesci mai a raggiungere il tuo scopo.*

DAVID: *Lo so.*

MARTIN: *Sei vuoto e abile ed ora vuoi riempire il tuo vuoto con lo spegnersi di Karin. L'unica cosa che non riesco a capire è come tu possa far entrare Dio in questo contesto. Sarà più imperscrutabile che mai.*

DAVID: *Posso chiederti una cosa, Martin?*

MARTIN: *Prego.*

DAVID: *Riesci sempre a controllare i tuoi pensieri più reconditi?*

MARTIN: *Grazie a Dio non sono così complicato. Il mio mondo è molto semplice. È abbastanza chiaro e umano.*

DAVID: *Malgrado ciò hai desiderato più*

volte che Karin morisse.

MARTIN: *No. Assolutamente no. Soltanto a te può venire una simile idea.*

DAVID: *Puoi giurarmi di non averlo mai pensato? D'altronde sarebbe abbastanza logico. Sono sicuri dell'incurabilità del suo male e tu sei convinto che la vostra sofferenza sia senza scopo. In tal caso sarebbe meglio morisse.*

MARTIN: *Sei grottesco.*

DAVID: *Dipende solo da che punto di vista si considera la cosa.*

David accende la pipa, le sue mani tremano ma per il resto appare assolutamente calmo.

MARTIN: *È inutile parlare.*

DAVID: (con durezza) *Non del tutto.*

MARTIN: *Io l'amo e non posso far nulla. Posso solo starle accanto e vederla trasformarsi in un povero animale torturato. Mi accorgo di non riuscire più a raggiungerla, che si sta allontanando da me. A volte è come se mi odiasse.*

DAVID: *La cosa più importante è avere una buona opinione di sé. Tutto poi si risolve come per un colpo di bacchetta magica. Basta che si compiano le azioni giuste. L'attività stimola la fiducia in se stessi ed*

impedisce la riflessione.
MARTIN: *Stai parlando di me?*
DAVID: *Non oserei mai, parlo in linea di principio. E la mia ironia è soprattutto rivolta contro me stesso, te lo posso assicurare.*
MARTIN: *Ma tu hai il tuo conforto nella fede.*

DAVID: *Sì.*
MARTIN: *E nella grazia imperscrutabile.*
DAVID: *Sì.*
MARTIN: *È incomprensibile?*
David solleva il capo e guarda il mare ventoso oltre l'insenatura che odora di resina e di alghe. La sua mano continua a tremare e la pipa si è spenta.
David, poi, racconta a Martin di un suo tentativo di suicidio. Ti voglio raccontare una cosa. Quand'ero in Svizzera avevo deciso di suicidarmi. Avevo noleggiato una piccola automobile e scelto uno strapiombo. In tutta calma andai lì, era una strada fuori mano e senza traffico. Era di pomeriggio, la vallata era già avvolta nell'oscurità. Io mi sentivo svuotato, privo di terrore, angoscia o attesa. Diretto verso il precipizio premevo al massimo l'acceleratore, ma il motore

s'inceppò, l'auto si arrestò di botto, il cambio aveva frenato, capisci, e sbandando per alcuni metri sulla ghiaia rimase sospesa sul bordo con le ruote anteriori nel vuoto. Mi trascinai fuori e cominciai a tremare per tutto il corpo; fui costretto a sedermi contro il fianco della montagna dall'altra parte della strada. E rimasi seduto per molte ore respirando a stento.

I temi trattati da Ingmar Bergman, nel film, sono quelli classici della sua filmografia: la ricerca di Dio; la malattia mentale; l'unità famigliare; il fine dell'arte; il (tentativo di) raggiungimento dell'infinito e della trascendenza; il senso del dolore; la (difficile) gestione dei rapporti interfamigliari e interpersonali.

Il padre odiato e il padre desiderato
nel film *Fanny e Alexander*
(*Fanny och Alexander*, 1982)

Il film è fortemente, ma anche volutamente, autobiografico. Dalla prima immagine di Alexander ripreso frontalmente che gioca dietro al teatrino delle marionette; il racconto dello zio Isak; il dialogo con Ismaele; la scena della punizione inflittagli dal vescovo Vergerus; fino all'ultima della nonna che legge ad Alexander un brano de *Il sogno* di Strindberg, è una lunga serie di situazioni autobiografiche.

Ingmar Bergman ricostruisce, con la consueta precisione e il solito amore, le grandi stanze della sua casa di Uppsala e le riempie con tutto il loro contenuto originario. Alexander che si nasconde sotto un tavolo nel salone e osserva rapito l'animazione della grande statua bianca e dei componenti dell'orologio da tavolo che si muovono, come in un sogno all'ombra del gigantesco lampadario di cristallo. Finanche i posti nei quali il regista da bambino si nascondeva dopo i frequenti, quasi quotidiani, litigi col padre, e anche quelli dove il padre lo rinchiudeva per punizione[30] - automatica conseguenza di ogni sua trasgressione - sono ricreati con memoria certosina. Alexander Ekdhal è, dunque, Ingmar Bergman stesso, da bambino. E Ingmar Bergman attinge a piene mani dai ricordi della sua infanzia, alla quale appare saldamente ancorato. Del resto, sostiene lui stesso: ..."*Sono profondamente fissato alla mia infanzia. Alcune impressioni sono estremamente vivaci: la luce, l'odore, tutto. Ci sono momenti in cui posso vagare attraverso i paesaggi della mia infanzia, attraverso le camere, abitate molto tempo fa. Ricordo come sono stati arredati; le immagini appese alle pareti; il modo in cui la luce cadeva. È tutto come in un film. Da pochi frammenti di un film, che ho impostato, ed è in esecuzione, posso ricostruire tutto nei minimi dettagli. L'unica cosa che non posso ricrearne è l'odore.[31]* "

La nonna Helena parla con Oscar Ekdahl, il

30 Ingmar Bergman, *Lanterna magica*, 1990, Garzanti, Milano.

31 Ingmar Bergman, *Immagini*, 2009, Garzanti, Milano.

padre di Fanny e Alexander e marito di Emilie: *"Lo vedi caro Oskar come vanno le cose? Ci si sente bambini e vecchi nello stesso tempo e tutto il periodo di mezzo non si riesce a capire dove sia andato a finire, quello che noi consideriamo tanto importante. (Sospira) Posso prenderti la mano?"* E ancora Ingmar Bergman: ... *"In realtà io vivo continuamente nella mia infanzia: giro negli appartamenti in penombra, passeggio per le vie silenziose di* Uppsala, *e mi fermo davanti alla* Sommarhuset *ad ascoltare l'enorme betulla a due tronchi, mi sposto con la velocità di secondi, e abito sempre nel mio sogno: di tanto in tanto, faccio una piccola visita alla realtà.*[32]*"*

Degli altri personaggi centrali nel *plot* del film: Helena, è la nonna tanto amata dal regista, ma che rappresenta anche la mamma ideale, che Ingmar avrebbe tanto voluto avere. Oscar Ekdahl è il direttore del teatro e come tale da 22 anni tiene il discorso ufficiale. Inizia schermendosi: *"... E' una cosa per la quale non ho il minimo talento,*

---

32 Ingmar Bergman, *Lanterna magica*, 1990, Garzanti, Milano.

me ne rendo conto quanto voi, specialmente se penso a mio padre che invece era un oratore veramente brillante. Si, insomma, l'unico talento che io ho, ammesso che io ne abbia uno ...di talento, ebbene è quello di amare quel piccolo mondo racchiuso tra le spesse mura di questo edificio. E, soprattutto, mi piacciono le persone che lavorano in questo mondo piccolo. Fuori di qui c'è il mondo grande e qualche volta capita che il mondo piccolo riesca a rispecchiare il mondo grande tanto da farcelo capire un po' meglio. In ogni modo riusciamo a dare a tutti coloro che vengono qui la possibilità se non altro, per qualche minuto, per qualche secondo (pausa) ... per qualche... qualche secondo, di dimenticare il duro mondo che è là fuori. Il nostro teatro è un piccolo... è un piccolo spazio spazio, fatto di disciplina coscienza ordine e amore...Non capisco perché mi senta così, così comicamente solenne proprio stasera."

Il pastore Vergérus, (solo l'ultimo di una lunga *stirpe* di signori Vergérus dopo quelli de: *Il volto*; *L'uovo di serpente*; *L'adultera*, tutti personaggi controversi se non addirittura negativi) rigido e punitivo, con la sua cattiveria, rappresenta il vero padre di Ingmar Bergman, quel padre-padrone che tanto lo ha oppresso e dal cui fantasma non è mai riuscito a liberarsi definitivamente. Alla fine del film, dopo la morte seguita all'incendio accidentale della canonica, il fantasma di Vergérus rivolto proprio ad Alexander, ancora una volta ma, stavolta, per l'ultima volta lo minaccerà, dicendogli: *"Non ti libererai di me."* Proprio come non lo abbandonerà mai, nella vita reale, il ricordo del padre severo e arcigno, quando Ingmar era appena bambino; burbero e in lite continua con la moglie, quando era giovanetto; senescente e smemorato, quando il regista viveva la sua età adulta ed era ormai diventato famoso.

Isak Jacobi, l'amante ebreo della nonna, rappresenta, invece, il padre che Bergman avrebbe voluto avere, con la sua grande carica di umanità e la sconfinata passione per il teatro e per i giochi. Cultore di scienze occulte a tempo perso e con l'hobby della magia a fin di bene.

Solo in qualche breve periodo della sua vita Ingmar Bergman aveva potuto assaporare la vera essenza e la piena soddisfazione di un vero rapporto tra padre e figlio come lo aveva immaginato in questo film. Nella sua autobiografia Ingmar Bergman racconta, così, in modo accorato, uno dei rari momenti felici vissuti in compagnia del padre. Il piccolo ha accompagnato, in bicicletta, il padre, in una delle sue escursioni nelle chiese di campagna dove era chiamato per officiare i riti e incontrare i fedeli. *"Quando uscimmo dal bosco di betulle e ci inoltrammo tra i vasti campi della pianura, vedemmo lampi sul colle. Grosse gocce caddero sulla strada polverosa creando rivoli e disegni. Io dissi: così dovremmo andarcene in giro per il mondo voi ed io, papà.*[33]*"*

Ma le cose, purtroppo non andavano sempre così. Anzi, da come la descrive, sempre nella sua autobiografia[34], la sua fanciullezza dev'essere stata un vero inferno: casa sua era come la canonica del vescovo Vergerus oppure doveva davvero somigliargli molto. La rigida educazione dei figli, l'assoluta mancanza di libertà che il giovane Ingmar arriva a paragonare, addirittura, al regime

---

33 Ingmar Bergman, *Lanterna magica*, 1990,
    Garzanti, Milano.
34 Ibidem.

nazista, le punizioni esemplari impartite dal padre, così vengono raccontate da Ingmar Bergman nella sua autobiografia[35]: *"La nostra educazione si basava per la maggior parte sui concetti di peccato, confessione, punizione, perdono e grazia, fattori concreti nelle relazioni dei bambini coi genitori e con dio.[36]"*

Poi Ingmar Bergman prosegue spiegando, in modo quasi tragicomico, come funzionava il procedimento penale in casa Bergman: *"...Le punizioni erano dunque qualcosa di ovvio, mai messo in discussione. Potevano essere rapide e semplici come schiaffi o sculaccioni ma anche estremamente sofisticate, affinate nel corso di generazioni. Se Ernst Ingmar si faceva la pipì addosso, il che accadeva troppo spesso e troppo facilmente, per il resto della giornata doveva portare una gonnella rossa corta al ginocchio. Il che era ritenuto innocuo e ridicolo. Delitti più gravi venivano puniti in modo esemplare: tutto iniziava con la scoperta del delitto. Il criminale confessava davanti al giudice di primo*

35 Ingmar Bergman, *Lanterna magica*, 1990, Garzanti, Milano.
36 Ibidem.

grado, vale a dire alle domestiche o alla mamma o a una delle innumerevoli parenti che in occasioni diverse abitarono nella canonica. Come conseguenza immediata della confessione attorno a lui si creava il gelo. Nessuno parlava né corrispondeva. Questo, credo di capire, per indurre il criminale a desiderare la punizione e il perdono. Dopo la cena e il caffè, le parti venivano convocate nella camera del papà. Lì avevano luogo nuovi interrogatori e nuove confessioni. Poi uno doveva dire quanti colpi di battipanni riteneva di meritare. Quando la punizione era stata decisa si prendeva un cuscino verde dall'imbottitura dura, venivano calati pantaloni e mutande e il criminale doveva sdraiarsi a pancia in giù sul cuscino, qualcuno lo teneva saldamente per il collo e i colpi venivano inferti."

Nel film *Fanny e Alexander*, Ingmar Bergman riproduce esattamente questa scena che ha per protagonisti Alexander e il patrigno, il vescovo Vergerus e come comparse la madre che lavora tranquillamente a maglia, la ineffabile cameriera e la sorella Fanny che invece assiste inorridita e assai apprensiva. Come Ingmar Bergman racconta

50

esemplarmente sempre nel suo capolavoro autobiografico *Fanny e Alexander*[37], le punizioni possono essere corporali (colpi di sferza o di battipanni) o anche psicologiche (la chiusura nel ripostiglio scuro). *"Altre punizioni erano: il divieto di andare al cinema; il digiuno; l'essere mandati anticipatamente a letto; la consegna in camera; compiti di matematica supplementari; colpi di verga sulle mani; tirate di capelli; servizio punitivo in cucina (che poteva essere anche molto divertente); la semplice emarginazione a tempo determinato e così via.*[38]*"*

Del repertorio di tremende punizioni che Vergerus prospetta ad Alexander manca solo lo stanzino buio dove i mostriciattoli rosicchiavano le dita dei piedi dei malcapitati bambini. *"C'era poi una sorta di punizione estemporanea che poteva essere molto sgradevole per un bambino tormentato dalla paura del buio, cioè l'imprigionamento, più o meno lungo, in un particolare guardaroba. Alma, in cucina, aveva raccontato che*

37 *Fanny e Alexander*, 1982.
38 Ingmar Bergman, *Lanterna magica*, 1990, Garzanti, Milano.

proprio in quel guardaroba abitava un piccolo essere che mangiava le dita dei piedi ai bambini cattivi. (...) questa forma di castigo smise però di terrorizzarmi quando escogitai di nascondere in un angolo una lampada tascabile dalla luce rossa e verde. Se venivo rinchiuso tiravo fuori la lampada, dirigevo il fascio di luce contro la parete e m'immaginavo di essere al cinema.[39]"

Quando un quasi incredulo Alexander chiede al vescovo: *"Perché devo essere punito?* Pare che davvero che non si renda conto di aver commesso un qualsiasi reato. Il vescovo Vergerus risponde, ragionando: *"Ma la ragione è ben evidente, ragazzo mio. Tu sei debole di carattere e non sai distinguere la menzogna dalla verità. Sei ancora un bambino, le tue bugie, pur terrificanti e assurde sono quelle di un bambino, ma presto sarai un adulto, un uomo, Alexander, e la vita punisce i bugiardi senza amore né scrupolo. E punendoti ti insegnerà ad amare e a rispettare la verità."* Ingmar Bergman si oppone, ovviamente, a questo trattamento disumano che contribuirà a deteriorare

---

39 Ingmar Bergman, *Lanterna magica*, 1990, Garzanti, Milano.

definitivamente i rapporti col padre, ma da adulto finisce addirittura per confessare di aver capito la dura *ratio* dei rigidi regolamenti imposti dal padre a lui al fratello Dag e alla sorella Margareth. *"Ora capisco la disperazione dei miei genitori. La famiglia di un prete vive come su un vassoio, senza alcuna protezione dagli sguardi estranei. La casa deve essere sempre aperta. La critica e i commenti della parrocchia sono costanti. Sia il papà che la mamma erano dei perfezionisti e dovevano certo vacillare sotto quell'assurda pressione.*[40]*"*

Nel film Ingmar Bergman parafrasa Strindberg quando diceva che: *"...forse gli avvenimenti terribili che ho vissuto sono stati messi in scena per me, per permettermi di diventare drammaturgo.*[41]*"*

E, anche lui, quando si irritava contro qualcuno, aveva cominciato a dire, come faceva il suo maestro Strindberg: *"Attento marrano o ci rivedremo nel mio prossimo dramma."*

---

40 Ingmar Bergman, *Lanterna magica*, 1990, Garzanti, Milano.
41 August Strindberg, *Diario occulto*, Milano 1966, Rizzoli.

Conclusioni

Per chiudere, Ingmar Bergman, nei sui scritti e nelle interviste che raramente concedeva, ha dichiarato di aver tentato varie volte di recuperare il suo rapporto filiale col padre e ne racconta accoratamente un passaggio felice, tratto ancora una volta dai suoi ricordi d'infanzia. Ecco come vorrebbe che quei rapporti fossero sempre stati. Un giorno era in gita col padre che spesso accompagnava nelle sue visite alle parrocchie di campagna. La prosa del Maestro, che pare poesia, semplice, ma suggestiva ed efficace. *"Quando uscimmo dal bosco di betulle e ci inoltrammo tra i vasti campi della pianura, vedemmo i lampi sui colli. Grosse gocce caddero sulla strada polverosa creando rivoli e disegni. Io dissi: così dovremmo andarcene in giro per il mondo io e voi, papà. Papà rise e mi diede il cappello perché glielo reggessi. Eravamo allegri. Alla salita del villaggio abbandonato arrivò la grandinata... Le grosse gocce di pioggia si trasformarono in spessi pezzi di ghiaccio. Papà ed io ci affrettammo verso la fattoria.*[42]*"*

Ingmar Bergman recupererà un minimo di rapporto col padre solo in età avanzata, quando lui era già famoso, la madre era già morta e il padre, quasi smemorato, era alle soglie della morte. Nemmeno l'ombra del pastore protestante rigido e senza cuore che incuteva timore nei figli e gli impartiva quelle feroci punizioni corporali. *"Quando papà rimase vedovo andai spesso a trovarlo, ci parlavamo con amicizia. Un giorno stavo discutendo qualche problema con la sua governante, sentimmo il suo passo lento e strascicato nel corridoio, lui bussò alla porta ed entrò nella stanza socchiudendo gli occhi alla luce violenta, evidentemente aveva dormito. Ci guardò meravigliato e disse: Karin è rientrata? Nello stesso istante si rese conto del doppio e doloroso errore. Sorrise imbarazzato: la mamma era morta da quattro anni e lui aveva fatto la figura dello stupido chiedendo di lei. Prima che facessimo in tempo a dire qualcosa agitò il braccio in segno di diniego e se ne tornò*

---

42 Ingmar Bergman, *Lanterna magica*, 1990,
     Garzanti, Milano.

nella sua stanza.[43]"

Ingmar Bergman appunta nel suo diario gli ultimi giorni di vita del padre. *"22 aprile 1970: papà sta morendo... 25 aprile 1970: papà è ancora vivo. Cioè è del tutto privo di coscienza, l'unica cosa che funziona è il suo cuore forte... 29 aprile 1970: Papà è morto. E' stato domenica, alle quattro e venti del pomeriggio; la sua morte è stata dolorosa. [44]"*

Comunque siano andate in vita le cose fra di le loro, anche per Ingmar Bergman e per suo padre le regole della vita non hanno fatto eccezione, la morte di un padre rappresenta sempre per il figlio, la fine di una grande storia.

---

43 Ingmar Bergman, *Lanterna magica*, 1990, Garzanti, Milano.
44 Ibidem.

INDICE